www.wickedpublishing.net

Wicked Publishing

Author Giveback

Memo Book

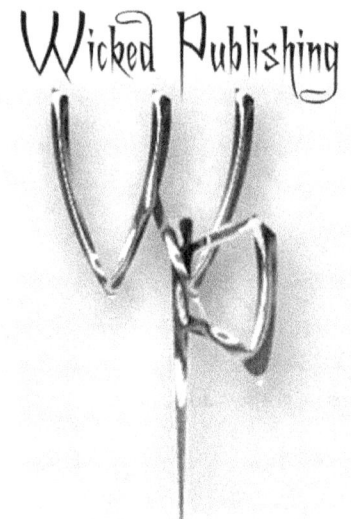

Wicked Publishing

www.wickedpublishing.net

2017

January	February	March	April
Su Mo Tu We Th Fr Sa	Su Mo Tu We Th Fr Sa	Su Mo Tu We Th Fr Sa	Su Mo Tu We Th Fr Sa
1 2 3 4 5 6 7	1 2 3 4	1 2 3 4	1
8 9 10 11 12 13 14	5 6 7 8 9 10 11	5 6 7 8 9 10 11	2 3 4 5 6 7 8
15 16 17 18 19 20 21	12 13 14 15 16 17 18	12 13 14 15 16 17 18	9 10 11 12 13 14 15
22 23 24 25 26 27 28	19 20 21 22 23 24 25	19 20 21 22 23 24 25	16 17 18 19 20 21 22
29 30 31	26 27 28	26 27 28 29 30 31	23 24 25 26 27 28 29
			30

May	June	July	August
Su Mo Tu We Th Fr Sa	Su Mo Tu We Th Fr Sa	Su Mo Tu We Th Fr Sa	Su Mo Tu We Th Fr Sa
1 2 3 4 5 6	1 2 3	1	1 2 3 4 5
7 8 9 10 11 12 13	4 5 6 7 8 9 10	2 3 4 5 6 7 8	6 7 8 9 10 11 12
14 15 16 17 18 19 20	11 12 13 14 15 16 17	9 10 11 12 13 14 15	13 14 15 16 17 18 19
21 22 23 24 25 26 27	18 19 20 21 22 23 24	16 17 18 19 20 21 22	20 21 22 23 24 25 26
28 29 30 31	25 26 27 28 29 30	23 24 25 26 27 28 29	27 28 29 30 31
		30 31	

September	October	November	December
Su Mo Tu We Th Fr Sa	Su Mo Tu We Th Fr Sa	Su Mo Tu We Th Fr Sa	Su Mo Tu We Th Fr Sa
1 2	1 2 3 4 5 6 7	1 2 3 4	1 2
3 4 5 6 7 8 9	8 9 10 11 12 13 14	5 6 7 8 9 10 11	3 4 5 6 7 8 9
10 11 12 13 14 15 16	15 16 17 18 19 20 21	12 13 14 15 16 17 18	10 11 12 13 14 15 16
17 18 19 20 21 22 23	22 23 24 25 26 27 28	19 20 21 22 23 24 25	17 18 19 20 21 22 23
24 25 26 27 28 29 30	29 30 31	26 27 28 29 30	24 25 26 27 28 29 30
			31

Character Growth:

Character's name

Sex, Gender

Age

Eye color

Hair color

Scars/moles

Family members

Friends

Relationships

Employment

Living accommodation

Leader /follower characteristics

Pets

Birthdays

Clothing style

Flaws

Strengths

Favored drinks

Travel usage/car/bus/train

Nightclub/pub/restaurant

History

Words/phrases

Religion

Quirks

Fears

Likes

Story Development:

Genre

Goal

Consequence

Requirements

Problems

Rewards

Challenges

Impediments

Author notes

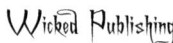

Wicked Publishing

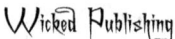

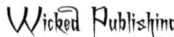

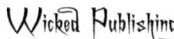

Wicked Publishing

Wicked Publishing

Wicked Publishing

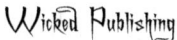

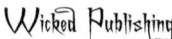

Wicked Publishing

Wicked Publishing

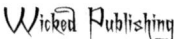
Wicked Publishing

Wicked Publishing

Wicked Publishing

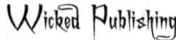